書き込み式

君を一生ささえる

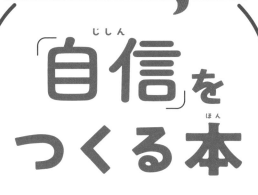

「自信」をつくる本

河田真誠（著）牛嶋浩美（絵）

アスコム

「自信」と「考えるチカラ」が自然と身につく本。

この本は…

「読む本」ではありません。
「しつもんに答える本」です。

「勉強の本」でもありません。
「幸せになるための本」です。

「知識を増やすための本」でもありません。
「自分で自分の自信をつくる本」です。

そして、きっと
「君を一生ささえてくれる本」です。

この本で
いっしょに
楽しもう!

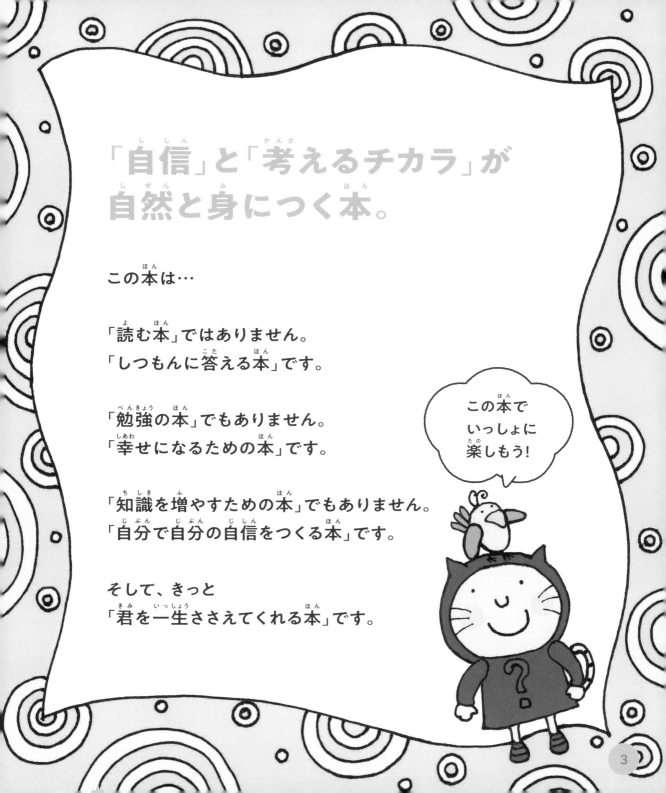

3

この本のおすすめの使い方

君が書きこんで完成する本。

1 ひとりで楽しむ。みんなで楽しむ。

ひとりで楽しむのもいいし、友達や家族と楽しむのもいい。
友達や家族と、夢の話とかをするのも楽しいよね。
「そんなこと考えてたんだ!」という発見もあるし、
たくさん話をすると、もっと仲良くなれるよね!

2 何度も何度も楽しむ。

★1回目はえんぴつ、2回目は青ペン、3回目は赤ペンというように、
　書くものを変えて何回も楽しもう!

★学年が上がったり、中学生や高校生になったら、もう一度やってみよう!

★「自信がないな」「ワクワクしたいな!」って時にも、やってみよう!

★何度も読み返したいページには、ふせんをつけちゃおう!

★とにかく1冊が書きこみでいっぱいになるくらい使っちゃおう!

3 君だけの人生の教科書に。

この本を大切に取っておけば、将来何かの壁にぶつかったり、
挫折しそうになったり、なやんだりした時に見返して、
勇気をもらえたり、なやみを解決するヒントが見つかったりするよ!

人生を切り開き、未来をつくるチカラを。

人生の中では、たくさんの決断にせまられます。

子どものころは、保護者や先生が決断の手助けをしてくれますが、
大人になると、そんな手厚いサポートはありません。
自分で考えて決断し、行動していくしかないのです。

その時に必要になるのは、「自信」と「自分で考える力」です。

「自信」があれば、どんなことでも「やってみよう」というチャレンジにつながり、
もし失敗をしたとしても、それを糧にしていくことができます。

「自分で考える力」があれば、他人に流されたりすることなく、
「自分の望む人生」を選び、進んでいくことができます。
この2つは、自分らしく幸せな人生を歩んでいくうえで欠かせないものなのです。

本書では、楽しいしつもんに答えることで
「自信」と「自分で考える力」を育んでいきます。
お子さんのすばらしい人生、すてきな未来をつくる
お手伝いができれば幸いです。

これからの人生で、
とっても大切な
チカラが手に入るね！

！ 保護者の方や先生方への大切なお願い！

本書を読み進める前に、90〜93ページ「本書の目的」と
「しつもんの大切なコツ1、2」をご確認ください！

もくじ

おや、何か
なやんでいる子が
いるみたい…。

どうすれば
自信が持てるんだろう?

友達に
きらわれないか
心配で…。

サッカーの試合が
あるんだけど、
自信がなくて…。

あっ!!
ヘンなお店があるよー!
「しつもんカフェ」
だって。

ジュースとスイーツ
「しつもん」のお店
「自信がほしい人」におすすめ!
小学生は無料!

「自信がほしい人」だって!
私たちにピッタリだね!

入ってみよう!

9

わしらがこのカフェの
スタッフじゃよ。

といじい
しつもんの神様。
旅とお酒を愛している。
毎日、じまんのツルツル頭を
みがいている。

といとい
といじいのペット。
きれいなモノと楽しいしつもん
を集めるのが趣味。
ピーナッツが大好物。

といにゃん
といじいのアシスタント。
おしゃべりと散歩が趣味。
ねこ背なのを気にしてる。

注文はどうする?
どんなジュースでも作れるよ!

私は、アイドルみたいにかわいくなれるジュース！

ぼくは、背が高くなるジュースがいいなー！

君は、どんなジュースを飲んでみたい？

ここに、君の答えを書いてね。文章でも、イラストでもいいよ！

それと、
「ワクワクするしつもん」もくださーい！

ありがとう！

ご注文の
ジュースです。

3つの願いをかなえてくれる
アラジンの魔法のランプが
本当にあったら
どんな願い事をする？

もしも1億円の
宝くじが当たったら
何に使う？

タイムマシーンがあったら
どの時代に行って
何をしたい？

空の上に
何があったら楽しい?

もし、海の味を
自由に変えられるなら
どんな味にしたい?

おならが
どんなにおいだったら
楽しい?

この本を
読んでいる君も
自分の答えを
考えてごらん!

ほーっ、ほっほ。
どのしつもんも
楽しいのう。

しつもんに答えるのって
楽しいなあ!

ねえねえ、
「自信が持てるしつもん」もある?
私、自信がなくて…。

自信をなくしておるんじゃな。
だいじょうぶじゃよ。
わしに、まかせなさい!

ところで…
君<ruby>たちは<rt></rt></ruby>「自信」って
何だと思う?

そう言われても…。
「自信」って何だろう?

君はどう思う?

17

「自信」とは、どんな時でも 自分を信じられる チカラなんじゃ。

うまくいっている時だけでなく、
うまくいっていない時でも、
自分を信じられることが大切なんじゃよ。

自信がないと… ·················> **自信があると…**

失敗すると
なかなか立ち直れない

また、
失敗しちゃった。
才能ないのかな…。

失敗しても
前向きでいられる

失敗作から
新しいジュースが
できた！

自信がないと… ┈┈┈┈┈┈> **自信があると…**

チャレンジするのが
こわくなる

いやいや、
無理だよー。
やったことないし、
寒いのきらいだし。

何でもやってみよう!
という気持ちになる

できるか
わからないけど
チャレンジ
してみる!

自信がないと… ┈┈┈┈┈┈> **自信があると…**

人の意見に流されて
自分で決められない

迷うなー。
といじい、
決めてよ!

どんなことでも
自分で決められる

これにします!

どうすれば
自信（じしん）を持（も）てるようになる？

自信（じしん）が必要（ひつよう）なのは
わかったけど…。

良（よ）いしつもんじゃな。
それは、みんなで
考（かんが）えてみようかのう。

どんな時（とき）に、「自信（じしん）がある！」と思（おも）いますか？

実は、自信には2つの種類があるんじゃ。

自信 1
人からもらう自信

自信 2
自分で生み出す自信

うまくいった時だけ
自信が持てる。

うまくいかない時も
自信が持てる。

// テストで100点を取った!
友達から「すごい!」ってほめられた! //

// 失敗した…。
でも、だいじょうぶ。 //

すぐに
なくなってしまう

ずっと
なくならない

// テストが50点だった…。
友達がほめてくれなくなった…。 //

// また、がんばればいい! //

本当の自信は、自分の中で
大切に育てていくものじゃな。

本当の自信を育てるには
自分のことをよく知っておくといいのう。

そこで、しつもんがおすすめなんじゃ。
しつもんに答えると、自分のことがよくわかるからのう。

これからいっしょに、しつもんに答えてみないかね?

しつもんのルール

1 答えは書こう！

頭の中で考えるだけでなく、
答えを書きこもう！

2 どんな答えでもいい！

答えには、正解も不正解もない。
周りの目を気にせず
自分が思うことを素直に答えよう。

3 答えが出なくてもOK！

「わからないな」と思うしつもんは
すぐに答えなくてもだいじょうぶ。
納得のいく答えを探してね。

4 ゆっくり楽しもう！

あせって、一気に進めなくていい。
ゆっくりと、じっくりと
自分のペースで楽しんでね！

書きこみシートのダウンロード！

何回も楽しめるように、
書きこみシートをダウンロードできます。

https://www.ascom-inc.jp/
books/detail/978-4-7762-1190-7.html

本に直接、答えを
書きこんでもいいよ！

しつもんの練習

練習1 君の名前は?

1 きれいな字で書こう！　　**2** できるだけ大きな字で書こう！

----

3 好きな色で書こう！　　**4** 有名人のサインみたいに書こう！

練習2 好きなものは何ですか?

食べ物、人、アニメ、音楽、映画、場所、スポーツ、ゲーム、
何でも好きなものをたくさん書いてみてね!

第1章

幸せ上手になる

自分で幸せを見つけられると
どんな時も「自分はだいじょうぶ」という自信が生まれる

しつもん 1

どんな時に、幸せだなって思う?

ペットと
遊んでいる時!

友達とゲームを
している時!

公園に行こう!

おっ、クリアできた!

雲ひとつない
空を飛んで
いる時!

おふろに入って
ゆっくりしている
時かな。

気持ちいいー!

3種類の飲み比べじゃ!

あー、ごくらくだー!

好きなだけ
ビールが飲める
時かのう。

しつもん **1**

君は、どんな時に「幸せだな」って思う？

学校での時間、友達との時間、おうちでの時間、ひとりの時間。
毎日の中で、どんな時に「幸せだなー」と思うかな？
小さな幸せをたくさん探してみてほしい。

1日1問でもいいからね。
ゆっくり、じっくり
楽しんでね！

書いた日	年	月	日	年生

しつもん1のポイント！

だれでも、今すぐ幸せになれる。

幸せな人と、そうでない人のちがいは、とっても簡単じゃ。

毎日の中には、幸せも不幸も同じようにある。

幸せな人は、幸せを見つけるのが上手。
不幸な人は、不幸を見つけるのが上手。

それだけのちがいなんじゃよ。

「幸せ探し」を上手になることが、幸せへの第一歩じゃな。

半分もある！

半分しかない…。

ステップ②
「楽しい」に気づくしつもん

しつもん
2

がんばってみたいことは何かな？

ちょっと
むずかしい本を
読んで
みたいのう。

ふむふむ、
なるほどな。

サッカーが
上手に
なりたい！

今日も点を取るぞ！

もし見つけたら
教えてね！

むずかしい
料理に
チャレンジ
してる！

むずかしいほうが
燃えるよね！

世界でいちばん
キラキラしたものを
探したい！

少し苦手だった
ねこ友達とも
おしゃべり
してる！

最近、
ひなたぼっこしてる？

君が、がんばってみたいことは何？

勉強でも、趣味でも、遊びでも、おうちのことでも何でもいいぞ！

書いた日	年	月	日	年生

しつもん2のポイント！

失敗を乗り越えるから楽しい。

もし、すごく簡単にクリアできるゲームがあったら、どう思う？

きっと、やりがいがなくて楽しくないだろう。
ゲームは、ちょっとむずかしいことにチャレンジして、
何度も失敗をして、その失敗を乗り越えていくからこそ
達成感があって楽しいものじゃ。

遊びでも、学校でも、おうちのことでも、人生でも同じじゃ。
楽なことばかりを選んでいると、楽しさがなくなってしまう。

ちょっとむずかしいことにチャレンジするほうが楽しいぞ！

Aボタンを3回押すだけで
クリアできるゲーム。
楽しいと思う？

しつもん
3

なんとなくさけていることって、何かな?

派手な洋服を
着ること!

飛ぶほうが
早いもん!

読書かなー。
友達がすすめて
くれるんだけど…。

走ったこと
がない!

マンガは
読むけどね。

着てみたいけど
ちょっとはずかしい…。

ねずみの言葉が
わからなくて…。

スイーツは
食べたことが
ないのう。

ねずみさんと
遊ぶことかな。

お酒には合わない気がする…。

しつもん3 君が、なんとなくさけていることって、何かな?

苦手かも…とか、きらいかも…、向いていないかも…と思って
「なんとなくさけているもの」や「なんとなくさけていること」って、
ないかな?　思い出して書いてみよう!

寒いから雪もキライ。
外をかけ回るなんて…。

書いた日	年	月	日	年生

食わずぎらいは もったいない！

レストランに行った時、メニューがひとつしかなかったら、
自分の気持ちに関係なく、それを選ぶしかないのう。

けれど、メニューがたくさんあったら、
その中から、自分が好きなものを選びやすくなる。

人生でも、将来の仕事でも、
「選択肢（メニュー）」を増やしておくことが大切じゃ。

そのためには、食わずぎらいをせず、たくさんの経験をすることじゃ。
その経験が自信になり、大人になってからも、
豊かに生きていくことができるぞ。

ひとつしか
ないんだね…。

ぼくはこれ！

私はこれが
いいな！

みんなからのしつもん❶

苦手なこともやったほうがいい？

今はチャレンジしたほうがいいと思うぞ。

子どものころは、苦手なことでもチャレンジしてみることが大切じゃ。
はじめは苦手でも、続けているうちに得意になることもある。
苦手だからといって自分の可能性をつぶしてしまうのは、もったいないのう。

そして、大人になったら、その中から得意なことを生かしていくといいぞ。
自分が得意なことをやるほうが、君も幸せだし、周りの人も幸せにできる。
そして、苦手なことは周りの人に助けてもらって、
それぞれが得意なことで、おたがいを助け合えるといいのう。

自信につながる**3**つのミッション！

でき たものには
✓をつけよう！

- ☐ 毎日の中に、小さな幸せを見つけよう。
- ☐ 失敗を乗り越える楽しさを知ろう。
- ☐ いろいろな経験をしてみよう。

幸せな人を探せ！

❶ この中で、「幸せだなー」と
感じているのはどの人？

❷ なぜ、その人が幸せだと思う？

〈答えの例〉
❶ 左下のブタちゃん！
❷ ハンモックで気持ちよさそうに
ねているから！

第2章
自分を好きになる

**自分を好きでいられると
自分の選択や行動に自信を持てる**

うーむ、
今日も男前じゃ。

自分の良いところに気づくしつもん

しつもん 4

自分のどんなところが好き?

このヒゲじゃ!
かっこいい
じゃろう?

小学生のころから
はやしているんじゃよ。

年がはなれた
子とも仲良く
できるところかな。

みんな、大好き!

たくさんごはんを
食べられる
ところかな。

特に、あまいものは
いくらでも食べられます!

青い服って
かわいいよねー!

おしゃれな服を
着ている
ところかな。

しつもん 4

君は、自分のどんなところが好きかな?

君には、たくさんの良いところがある。

はずかしがることはないぞ。
自分の良いところや、好きなところをたくさん書いてごらん。

書いた日	年	月	日	年生

39

君には君の良いところがある。

どんな人にも必ず長所と短所がある。
なぜなら、長所と短所は、実は同じものだから。

たとえば、わしは、「細かいことを気にしない性格」なんじゃ。

それは、「おおらか」という長所でもあり
「おおざっぱ」という短所でもあるんじゃ。

もし、短所しか見つからない時は、
その短所を裏返すと、
どんな長所になるのかを
考えてみるといいぞ。

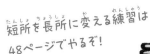

短所を長所に変える練習は
48ページでやるぞ!

ステップ 5
自信をつけるしつもん

しつもん 5

どんなことをほめてほしい?

そりゃー、このしつもん力でしょう!

実は、しつもんの本も出版しているんじゃよ。

雨の日も、ちゃんといっしょに散歩に行ってるんだよ!

今日はどこを散歩する?

空を飛べるってすごくない?

どこまでも飛んでいけます!

毎朝、ちゃんと起きて、ちこくせず学校に行ってるよ!

おはよー!

英語も話せるよ!

ねこなのに人と話せるってすごいでしょー。

41

しつもん 5

君<small>きみ</small>は、どんなことをほめてほしい？

だれにも気<small>き</small>づいてもらえなかったり、

わかってもらえなかったりするけれど、がんばっていることってあるよね。

君<small>きみ</small>は、どんなことを、ほめてもらえるとうれしい？

ふふふ……。

書<small>か</small>いた日<small>ひ</small>	年<small>ねん</small>	月<small>がつ</small>	日<small>にち</small>	年生<small>ねんせい</small>

しつもん
5 の
ポイント!

自分をほめると
自信になる。

人からほめてもらえると、うれしいよね。
でも、人からほめられることばかりを考えていると、
他人にどう思われているのかが気になって、
人から気に入られることばかりしようとしたりしてしまう。

それでは、「自分の幸せ」からは遠くなってしまうんじゃ。

君が、何を、どれだけがんばっているのかを
いちばん知っているのは、君自身じゃ。

「これはがんばっている!」「ここはうまくいった!」」と、
自分で自分をほめてあげよう!
そうすると、少しずつ自信がついてくる。

今日の私も
かわいかったなー。

人と比べて、自分のダメなところに
目が行きがちだったりするけれど、
ダメなところではなく、
良いところに目を向けるんじゃぞ!

なりたい自分になるしつもん

どんな自分でいたいですか?

かっこいい
じいさんで
いたいのう。

自分を大切に
できる自分で
いたいな。

のんびりする時間が
大切だから、毎日1時間は
ひなたぼっこをするよ!

たまには、
おしゃれもしたい。

鳥かごには
絶対に入らない!

友達を
大切にする
やさしい自分で
いたいな。

いつも自由な
自分で
いたいな。

話を聞いてくれて
ありがとう。

いつも、
明るく元気で
いたいな!

元気じゃないと
たくさん食べられないからな。

44

しつもん **6**

君は、どんな自分でいたいかな？

なれるか、なれないかは考えなくていいので、
理想の自分を書いてみよう。

こうなれたらいいな！
という理想を考えてみてね！

書いた日	年	月	日	年生

なりたい自分になれる。

「やさしくなりたい！」と思っているだけでは、
やさしい人にはなれない。

だけど、今、だれかにやさしくすることができれば、
すぐに「やさしい人」になれるんじゃ。

「こんな人になりたいな」と思うだけでなく、
ひとつでもいいから具体的に行動してみるんじゃ。

はじめは「やろう！」と強く思わないと
できないかもしれないけれど、
何度もくり返していると、
自然とできるようになる。

人は、いつでも「なりたい自分」に
なれるのじゃよ。

友達がたくさんいる
自分になりたいな。

みんなからのしつもん❷

自分を好きになるって、はずかしくない？

少しもはずかしくないぞ！

もしかしたら、「うぬぼれている」と、ばかにされそうだと思っているのかな？
「うぬぼれる」は、漢字で「自惚れる」と書く。
簡単に言うと、「自分に惚れる」ということじゃよ。とてもいいことじゃな。

「どんな時でも自分を信じられる」という自信は、
「自分が好き！」という気持ちの上に成り立つものじゃ。
好きじゃないものを信じることは、むずかしいものじゃ。
まずは、自分の好きなところを見つけて、大切に育てていこう。

自信につながる**3**つのミッション！

できたものには
✓をつけよう！

☐ 自分の短所を長所に変えよう。

☐ 自分で自分をほめるくせをつけよう。

☐ なりたい自分になりきって生きていこう。

短所を長所に してみよう！

自分の短所しか見つけられなくて
困っている友達がいます。あなたのチカラで、
短所を長所に変えてあげて！

ぼくの短所も
長所に変えて！

短 所		長 所
おおざっぱ	« 変かん »	おおらか
あきっぽい	« 変かん »	
おとなしい	« 変かん »	
落ち着きがない	« 変かん »	
がんこ	« 変かん »	
気が短い	« 変かん »	
空気が読めない	« 変かん »	
文句が多い	« 変かん »	
さわがしい	« 変かん »	
わがまま	« 変かん »	

といじいの答えは、94ページにあるよ。よく考えてから見てみてね。

第3章

ワクワクする未来をえがく

自分の手で未来をつくっていけるという感覚は
自信の大きな種になる

実は、未来から
やってきたんじゃよ。
タイムマシーンで。

えっ！ほんとに？

しつもん **7**

時間を忘れて、夢中になれることは何?

人の話を
聞くのは
本当に
楽しいのう!

ほうほう!
それで、それで?

新しい飲み物を
考えること。

「ねこが夢中になるドリンク」を
開発中!

犬と遊んだり、
散歩したり
すること。

今日も
公園に行こうか!

キラキラ
したものを
集めること。

むずかしいなあ…。

パズルを
していると、
あっという間!

しつもん 7

君が時間を忘れて、夢中になれることは何?

「これをやっていたら、あっという間に時間がたっちゃう!」というほど
夢中になれることは何だろう?

書いた日	年	月	日	年生

夢中になれることが、
未来の仕事につながる!

「大人になったら、どんな仕事をしようかな」
と考える時のコツがある。

それは、「できること」ではなく、
「やりたいこと」を考えることじゃ。

「やりたいこと」をやるほうが楽しいから、心もつかれない。
そして、夢中になれるから、
自然と成長できて、良い仕事もできる。

勉強ももちろん大切じゃが、好きなことに
夢中になる時間も、同じように大切じゃぞ!

また
遊んでる!

遊んでないよ。
将来の夢を
育てているの。

8

想像上手になるしつもん

今度は、いっぺんに4つのしつもんをするぞ。
楽しみながら答えてほしいのう。

しつもん
8

もし、何でも見える「めがね」があったら、何を見たい?

地球の中身!

未来の街!

しつもん
9

「ひみつ」が書いてある本があったら、どんな「ひみつ」を知りたい?

宇宙人がいるかどうか!

ねずみと仲良くなる方法。

53

しつもん 10
だれとでも話せる電話があったら、
だれと何を話したい？

なくなったおじいちゃんと、
昔の話がしたい!!

宇宙人に、
宇宙での暮らしを
聞きたい！

しつもん 11
いくらでもお金が出てくる財布があったら、
何にお金を使う？

世界中の人といっしょに、
おいしいごはんを食べたい！

大好きなピーナッツに
うもれたい…。

「こんなのがあったら いいな！」を想像しよう。

車も、飛行機も、テレビも、電話も、スマートフォンも、
今、みんなが当たり前のように使っているものは、
昔のだれかが「こんなものがあったらいいな！」
と想像したからつくられたんじゃよ。

同じように、君の「こんなものがあったらいいな！」
という想像から未来はつくられていく。

本当にできるかどうかは、やってみないとわからない。
たくさん想像して、
「どうすれば、できるだろう？」と考えてみよう。

夢を広げるしつもん

しつもん 12

もし何でも願いがかなうなら、何をかなえたい?

世界中の
おいしい料理を
食べたい!

たくさん食べるぞー!

しつもんカフェを
世界中につくる!

いらっしゃーい!

みんなと
世界中を
旅したいのう!

それ行けー!

キラキラ
したものを
たくさん
集めたい!

MVPもねらいます!

ワールド
カップに出て
優勝したい!

しつもん 12

もし何でも願いがかなうなら、君は何をかなえたい？

「ほしい」や「やりたい」や「なりたい」を、できるだけたくさん書いてみよう！

えんりょせずに
本当の気持ちを書いてね！

書いた日	年	月	日	年生

願わないことは、かなわない。

願った夢のすべては、かなわないかもしれない。
けれど、夢は願わなければかなわないぞ。

君の未来をすばらしいものにするためには、
「かないそうなこと」から夢を選ぶのではなくて、
「本当にワクワクすること」から選ぶことが大切じゃ。
やってみたいことやワクワクすることを
ノートに書きだしてみると、夢のヒントが見つかるぞ。

夢が見つかったら、友達や家族に話してみるのもいいぞ。
だれかが応援してくれるかもしれないからのう。

そして、君もだれかが夢をかなえるための
手伝いができるといいのう。

みんなからのしつもん❸

学校には行ったほうがいい？

わしは、行ったほうがいいと思うぞ。

勉強は学校に行かなくてもできるかもしれないけれど、
学校で学べるのは勉強だけじゃないぞ。
「友達をつくること」「友達とけんかをすること」「好きな人ができること」
「苦手な授業でいやな気持ちになること」「毎朝きちんと起きること」
「大勢のクラスメイトと、うまくやっていくこと」「いろいろな人がいることを
知ること」「やりたくないことや、やらなくてはいけないことをどう楽しむかを
考えること」など、学校に行くからこそ得られる経験もたくさんあるぞ!
いろいろな経験は君の自信を育て、人生を豊かにしてくれるんじゃ。

自信につながる3つのミッション!

できたものには
✓をつけよう!

☐ たくさん遊んで、夢中になれることを見つける。

☐ 「こんなのがあったらいいな!」を想像する。

☐ かなったらうれしいことを、たくさん書き出す。

こんな本があったら おもしろいな!!

君は、どんな本があったら「おもしろい!」と思う?
自由に楽しく考えてみてね!

お手!
おかわり!!

ペットになる本

塩こしょうで
味つけしました。

おなかがすいたら
食べられる本

待ってー!

にげ回って
読ませてくれない本

夢を考える時も、
常識や思いこみを越えて
自由に考えることが
大切じゃな。

60

コラム

君なら どうする?

とつぜんじゃが、考えてみてほしい。

君は、今、とってもおなかがすいている。
テーブルには、おいしそうな料理が並んでいるけれど、
君とテーブルとの間には、深いみぞがあって、料理に手が届かない。

君の手には、とっても長いスプーンがひもでくくりつけてあって、
料理を取ることはできるが、スプーンが長すぎて、
上手に自分の口に料理を運ぶことができない。
友達も同じ状態で、料理が食べられなくて困っている。

さあ、どうすれば、君は料理を食べることができるだろう?

コラム

といじいの
答え!

答えは簡単じゃよ。

友達とおたがいに食べさせあえばいいんじゃよ。

自分だけが幸せになろうとするよりも
友達を幸せにすることを考えると
逆に、友達から幸せを分けてもらえるかもしれない。
しかも、友達からもらえる幸せは、
自分だけでは手に入らない、すてきな幸せだったりする。

ひとりで幸せになるよりも、
友達といっしょに幸せになるほうが気持ちいいじゃろう?

次のページからは、周りのみんなを幸せにする方法を考えてみるぞ。

第**4**章

みんなで幸せになる

**周りの人に喜んでもらって、より良い関係をつくることも
自分の大きな自信につながっていく**

このキラキラを
みんなに、
あげるね。

ありがとう！

しつもん 13

周りの人が、困っていることは何だろう？

といにゃんが
新しいドリンクを
作れないって
なやんでいたな。

スランプなのかな…。

といといが、
キラキラしたものが
見つからないって、
落ちこんでいたな。

あんなに持っているのに
まだ集めたいんだねー。

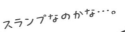

奥さんには
ナイショだって。

といじいが
大切な指輪を
なくしたって
探していたな。

おうちの人が、
いつもいそがしいって
つかれていたなー。

大人も
大変だね。

お母さんが
買い物袋が
重たいって
言っていたな。

たくさん買うからね。

しつもん 13

周りの人が困っていることは何だろう?

友達、家族、先生、近所の人、君の周りの人は、
どんなことで困っているだろう?
思いついたことを全部書き出してみよう。

その人の気持ちになって
考えてごらん!

書いた日	年	月	日	年生

周りの人の「困ったな」に敏感になろう！

「どうすれば、周りの人を幸せにできるかな?」
と考える時は、
その人が「何に困っているのか」を考えてみるといいぞ。

おなかがすいている人には、ごはんをあげる。
さみしい人には、いっしょにいてあげる。

その人が望んでいることを想像してみることが大切じゃ。

そのためには、いつも周りの人を観察して、
「何に困っているのかな」って考えてみるといいぞ。

ステップ **11**

みんなを喜ばせるしつもん

しつもん **14**

13 で困っている人を喜ばせるために何ができるかな?

新しいドリンクをわしもいっしょに考えてみようかのう。

「毛が生えてくるビール」はどう?

といといに「キラキラジュース」を作ってあげようかな。

わあー、きれい!!

といじいの指輪、見つけたよ!

探しものを見つけるのは得意だよ!

実は、力持ちなんです!

妹と遊んであげる!

お父さんとお母さんは少しゆっくりしてね!

お母さんの重たい荷物を持ってあげる!

しつもん 14

しつもん 13 で困っている人を喜ばせるために、何ができるかな?

友達、家族、先生、近所の人など、
君の周りの人に、何をしてあげたら、みんなは喜ぶかな?
自由に想像してみてね。

書いた日	年	月	日	年生

幸せは、分ければ 分けるほど増えていく。

ひとつのりんごを、ふたりで分けると
自分の取り分は半分になる。

けれど、ふたりともりんごを食べることができたから、
幸せはふたり分に増えるんじゃ。

幸せは、ろうそくの火みたいなもので、
どれだけ分けても減ることはない。

そして、分けあたえた分だけ幸せが増えて、
君も幸せな気持ちになれる。

自分にできることで、
周りの人を喜ばせられるといいのう。
その経験は、君の自信になるぞ。

しつもん
15

もし、魔法が使えたら、どんな世界にしたい?

これで、戦争もできないわね。

みんなが、
おなかいっぱい
ごはんを食べられる
ようにしたいな。

たくさん食べてねー!

世界中の武器を
お花が出る道具に
変えるわ!

自分の花をさかせて!

みんなに、
自分らしい人生を
送ってほしいのう。

みんな、個性です。

ねこだとか、
人と話せるとか、
どこで生まれたとかで、
差別されることが
ないといいな。

しつもん 15 もし、魔法が使えたら、君はどんな世界にしたい?

自分の幸せだけではなく、
世界中の人を幸せにするにはどうすればいいか、考えてみてほしい。

書いた日	年	月	日	年生

君の魔法のような夢から未来はつくられる。

君が夢を話すと、
「それはかなわないよ」
「そんなの無理に決まっているよ！」
「もっと現実を見たら？」
と言う人もいるかもしれない。

しかし、100年前の人からすれば、
君が生きているこの世界は、
「魔法のような世界」に見えるだろう。

そして、これからの未来は、
君の「魔法のような夢」から
始まっていくぞ。

「かなえたい」という気持ちを
強く持ち続けることが大切じゃ。

みんなからのしつもん④

迷いや不安がある時は、どうしたらいいの？

迷いや不安を味方にするといいぞ！

わしは、いろんな国を旅するのが好きなんじゃ。

どの国もすてきなんじゃが、時には、ちょっと危ない地域もあったりする。

その時に、もし、わしが迷いや不安を感じなかったら、

わしは危ない目にあってしまうかもしれない。

迷いや不安を感じることは、自分の身を守るために必要なことなんじゃよ。

不安に思うからこそ、「しっかり準備をしよう！」という気持ちにもなれる。

でも、迷いや不安だけだと、前へ進めなくなってしまうから、

迷いや不安とワクワク感の両方を大切にしていきたいのう。

自信につながる3つのミッション！

できたものには ✓ をつけよう！

☐ 周りの人の困り事を集めてみよう。

☐ 周りの人を喜ばせることをやってみよう。

☐ 世界中を幸せにする方法も考えてみよう。

見つけられるかな?

だれかを幸せにするには、「気づくチカラ」が必要だ!
この本の中では、登場人物たちが、
いろいろなことをしているよ。
君は、いくつ気づくことができるかな?

見つけて
みよう!

この本のすべてのページから探してね!

❶ 赤い服を着た「といにゃん」

❷ かみの毛が長い「といじい」

❸ 指輪をくわえている「といとい」

❹ いつもと、ちがうくつを
   はいている「といにゃん」

❺ ロングドレスを着ている「女の子」

❻ といにゃんの服を着ている
   「男の子」

❼ いつもとちがう形のつえを
   持った「といじい」

❽ 犬の服を着た「といにゃん」

❾ いつもよりおしゃれを
   している「といとい」

❿ ビールを飲んでいる「といじい」

10~11ページの「しつもんカフェの店内」から探してね!

⓫ 背中に羽がある天使

⓬ いすに座っている犬

⓭ 自分の体より大きなコップで
   ジュースを飲んでいる人

⓮ 2人のたまご人間

⓯ クルクルおひげの人

⓰ とうめい人間(いすだけ見えるよ)

⓱ くさりがついた時計

答え
❶ 41ページ ❷ 59ページ ❸ 67ページ ❹ 38ページ
❺ 70ページ ❻ 57ページ ❼ 44ページ ❽ 59ページ
❾ 29ページ ❿ 25ページ、85ページ

第5章
夢をかなえる

夢にチャレンジする経験の中で、自分は「望みどおりの未来を
つくっていける」という自信を持てる

夢で終わらないように
「夢のかなえ方」を
考えようかのう。

はーい！

夢を決めるしつもん

しつもん **16**

今、最もかなえたいことは何？

まずは、「今、いちばんかなえたいこと」を、ひとつ決めてみよう。
ここまでのページで自分が書いた答えを見返すと、
かなえたいことが見つかるぞ。

部屋中をぬいぐるみで
いっぱいにする！

世界で活やくする
料理人になりたい！

書いた日	年	月	日	年生

しつもん **16** のポイント！

ワクワクする夢をえがこう！

夢を考える時に大切なポイントがある。
それは、「できる」「できない」を気にしないことじゃ。

「できる」ことの中から夢を選んでいたのでは、
君はあまり成長できない。

「できない」ことにチャレンジしていくからこそ、
人は成長をするし、何よりも人生が楽しくなるのじゃよ。

夢をえがく時には、「できる」ではなく、
「やりたい！」を選ぶことが大切じゃな。

「やりたい！」というワクワクした気持ちが
「できない」を「できる」に変えていくぞ。

夢のかなえ方を見つけるしつもん

しつもん 17

しつもん 16 の夢は、どうすればかなうかな?

「できるか、できないか」は気にせず、かなえるためのアイデアを
思いつくだけ書き出してみよう。

ぬいぐるみを
自分で作る!

ごはんの準備を手伝って、
料理の練習をする!

書いた日	年	月	日	年生

「どうやって?」を集めていこう。

「だれか、夢をかなえてくれないかな」と思っているだけでは、
夢はかなわない。

口だけで「努力する」「がんばる」と言っていても、
いつまでもかなわない。

「何をどう努力するのか」
「何をどうがんばるのか」を具体的にして、
ひとつひとつ自分で行動していくことが大切じゃ。

もし、どうやってかなえればいいのかがわからない時には
すでに夢をかなえた人を見つけて、
「どうやったの?」と
聞いてみるといいぞ。

大人にインタビュー!

近くにいる大人にインタビューしてみよう!

子どものころの夢は何?

どんな夢をかなえたことがある?

どうやって夢をかなえたの?

80

ステップ **15**
夢に近づくしつもん

しつもん 18

しつもん 16 の夢をかなえるために、今日、何をする?

夢をかなえるために、すぐにできることを考えてみよう。
簡単にできることから始めてみることが大切じゃ。

お母さんに、さいほうを
教えてもらう!

作りたい料理のレシピを
探してみる!

書いた日	年	月	日	年生

小さな一歩を
積み重ねる。

夢をかなえるには、
コツコツと積み重ねていくことが大切じゃ。

毎日、「夢をかなえるために、
今日できることは何かな?」と考え、
簡単なことでいいから、何かをやることじゃ。

1日に1個やる人は、1年間で365個もできる。
1週間で1個の人は、1年間で53〜54個。
1か月で1個の人は、1年間で12個。
何もしない人は、ゼロ。

今日の小さな一歩が、
大きな未来につながっていくぞ。
夢がかなうかどうかは、
君次第じゃな。

みんなからのしつもん❺

> たくさん努力しても、
> 夢がかなわないこともある?

それは、あるぞ!

すべての夢がかなえばいいのじゃが、実際はそうではないんじゃ。

一生けん命にできる限りの努力をしても

金メダルの人もいれば、そうでない人もいる。

でも、夢がかなわないことは悪いことではない。

金メダルが取れなかったとしても、その人は、必死に努力をした経験や、

周りに応援された経験、負けたという経験などを通して、

かけがえのないものを得ることができる。

かなったという「結果」だけでなく、

かなえていく「過程」にも意味があるのじゃよ。

また、たとえば「歌手」にはなれなくても、

「家族や友達のために歌を歌う」ことも、すてきな夢じゃよ。

夢は形を変えて、かなえていくこともできるぞ。

学校の勉強って 夢をかなえるのに役に立つ？

勉強で得た知識は、君の武器になり、
勉強をした経験は、君の自信にもなるぞ。

たとえば、ゲームクリエイターに
なるには算数の知識は必要だし、
マンガ家になるには国語で学ぶことが役立つじゃろう。
その時になってから困らないように
今から勉強しておくことは大切じゃ。

もし、勉強することをやめてしまったら、
将来、「やりたいこと」ができる可能性も
少なくなってしまうんじゃ。

未来の自分のために、しっかり勉強してほしいぞ。

みんなからのしつもん❼

夢が見つからない時は、
どうすればいい?

夢が見つからない時は、
いろいろなことに関心を持って
とにかくやってみることじゃ。

やってみて、楽しくなければやめればいい。
そんな気軽な気持ちで始めればいいんじゃよ。

いろいろな友達と遊んでみるのもいいのう。
きっと、世界が広がるぞ。

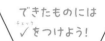

自信につながる**3**つのミッション!

できたものには
✓をつけよう!

☐ 夢を書き出そう。
☐ どうすれば夢がかなうかを具体的に考えよう。
☐ 毎日、できることを積み重ねていこう。

君の未来予想図を作ろう!
大人になったつもりで、しつもんに答えてね!

どんな仕事を
している?

結婚はしている?
子どもはいる?

どこに住んでいる?

どんな家に
住んでいる?

どんな大人に
なった?

休みの日には
何をして過ごしている?

君は、君になっていけばいい。

自分に自信がないと、他の人がうらやましくなったり、
人のまねばかりしてしまったりする。

ちょっと考えてみてほしい。

もし、ねこが犬をうらやましがって、まねばかりしていたら、
せっかく持っている「ねこの良いところ」がなくなって、
ねこでも犬でもない、中途半端でヘンな動物になってしまう。

それは、とってももったいないことじゃな。
私たちはみんなちがっていて、
だれもがすてきな魅力を持っておる。

君は「君」という、世界にひとりだけの
大事な存在なのじゃ。

「自分は自分がいい」
これが、本当に自信を持つということじゃな。

最後まで楽しんでくれて、
ありがとうございました！

しつもんは、これで終わりです！
でも、この本は何回でもくり返し楽しめます。

● もっとおもしろい、もっと納得できる答えを探して
● 学年が変わった時、悩んだ時、落ちこんだ時など
● 友達や家族といっしょに

何度も何度も楽しんでください。
取り組むたびに、新しい答えに気づけると思いますよ！
そして、この本は、大切にとっておいてね。
将来、この本が君をささえてくれることが、きっとあると思います。

また、
どこかで会おうね！

人生は、「しつもん」でできている。

「どんな仕事をするのか」「だれとどんな人間関係を築くのか」
「自己肯定感や、人生の楽しみをどうつくるのか」など、
人生の大切な事には「正解」はありません。
自分で考えるしかないのです。

しかし、いきなり「自分で考えろ!」と言われても、
何をどうすればよいのかわかりません。そうした時、役に立つのが「しつもん」です。

「昨日の晩ごはんは何だった?」と聞かれれば、その答えを考えるように、
人は問いかけられると、自然とその答えを考えます。
人生は、自分に「何を問いかけるか」でできているのです。

しつもんに答えることで、自分の気持ちや考えが整理されます。
そして、様々な視点で物事を考えられるようになります。

それが、「自信」になり、「思いやり」や「多様性への理解」、
「強い心」、そして「考える力」を育むことにつながっていくのです。

自分で考えることで
自信が生まれる。

主語を「自分」にして生きていく。

親や先生、友達など、だれかの言う通りに生きていると、もし失敗したら、
「あの人のせいで…」と他人を責める気持ちが生まれてしまいます。
また、成功しても、「あの人の言う通りにしただけ」となり、
どちらにしても、他人軸でしか生きられなくなってしまいます。

逆に、自分で考え、決め、行動できるなら、成功すれば自信につながり、
失敗をしても「どう乗り越えるか」を考えることができ、
その経験もすべて自信につながっていきます。

自分の頭で考えることが、自分や周りを信じること、
夢や目標をかなえていけるという自信につながっていくのです。

いつも、どんな時も最大の味方でいる。

本当の自信とは、「どんな時でも」「どんな自分でも」
「自分を信じられる力」のことを言います。
それは、「失敗をしない」ことではなくて、「失敗を乗り越えられる」
「失敗を受け止められる」という感覚です。

そのためには、お子さんが失敗をした時に怒ったり、責めたりするのではなく、
「どうすれば、次はうまくいくかな?」といっしょに考えてあげてください。
いい子にしている時や、成功した時だけでなく、どんな時にも愛を持って、
だれよりも信じてあげてくださいね。

どんな答えも「いいね!」と聞きましょう。

しつもんに答える時に、お子さんが、あなたとはちがう答えを言うかもしれません。そんな時、どんな答えでも「いいね!」と聞いてあげてほしいのです。

「考えること」を奪わない。

この本(しつもん)の価値は、「自分の頭で考える」ということにあります。

あなたが「ちがうよ」と否定してしまうと、お子さんは自分で考えることをやめ、
「あなたが気に入る答えを探し、覚える」ようになります。
それでは、「考える力」は育まれず、いつまでも、
だれかに正解を求めて生きていくことになってしまいます。

どんな答えでも、まずは「いいね!」と聞いてあげてください。
「どんな答えなのか」ではなく、あなたが「いいね!」と
聞いてあげること自体に意味があります。

本当に良くない答えの時は?

もし、あなたと考え方がちがうのであれば、「どうして、こう思ったの?」と、
理由をしっかりと聞いてあげてください。お子さんにはお子さんなりの
理由があるはずです。それをしっかりと受け止めましょう。

そして、あなたの意見は「私はこう思うよ」とひとつの意見として、
伝えてほしいのです。この関わり合いが、お子さんの考える力や、自立心、
そして、個性を育んでいきます。

どちらが「正しいか」という話はしない。

この世の中に絶対的に「正しいこと」はありません。
なぜなら、「正しい」は、価値観や立場によってつくられていくからです。

たとえば、桃太郎の「鬼退治」は、村人から見ると「正しい」でしょう。
しかし、鬼から見るとどうでしょうか？　鬼が宴会をしている時に、
急に桃太郎たちが襲ってきて、金銀財宝を奪われるのです。
鬼から見ると、桃太郎は「正しくない」となりますよね。

このように、どちらが「正しいか」を基準に話をすると、けんかになります。
なぜなら、「どちらも正しいから」です。

人はみんなゼロの状態で生まれてきます。なので、まずは、
ベースとなるあなたの価値観を伝えることはとても大切です。
そして、ある程度、物心がついてきたら、あなたから教わった価値観を基準に
世の中を見て、自分の好みの価値観を自分で考えていくことができればいいのです。

大人が必ずしも正しいとも限りませんし、
お子さんにはお子さんの「正しい」があります。
頭ごなしに否定するのではなく、一度「いいね」と、
お子さんの「正しい」を受け止め、そのうえで「どうすれば、より良くなるか」
「どうすれば、うまくいくか」という話をしてほしいのです。
その関わりが、お子さんの心を育てていくことになると思います。

しつもん的な子育てのコツを配信しています！
https://shinsei-kawada.com/category/column/kids/

Profile

著：河田真誠（かわだ しんせい）

質問家。相手に問いかけることで、その人の考えや行動を引き出していく「質問の専門家」として活動する。問いかけて社員がみんなで考えるスタイルのコンサルティングや研修が、成果につながると好評で、多くの企業をクライアントに持つ。また、全国の小・中・高校では、「自分で考える」をテーマにした「問いの授業」を行い、児童や生徒、教師、保護者から好評を博している。

●全国の小・中・高校などで、本書をテーマにした授業を承っています。また、子どもたちに問いかける活動を一緒に行ってくれる仲間も募集しています。

https://shinsei-kawada.com/

絵：牛嶋浩美（うしじま ひろみ）

大学で国際問題を学び、世界に意識を向ける。大学4年生の時、ニューヨークでホームステイをしながら、絵でメッセージを伝えていくことを決意する。1997年からユニセフのカードや絵本やグッズのデザインを17年間提供し、絵で世界貢献をする。1999年から絵本の制作を始め、心にアプローチする作品を通してワークショップ等で人々の心によりそった活動を続ける。

48ページ「短所を長所にしてみよう！」のといじいの答え（例）

あきっぽい→好奇心旺盛、おとなしい→落ち着いている、落ち着きがない→行動的、がんこ→自分の意見がある、気が短い→決断力がある、空気が読めない→周りの人の顔色を気にせず行動できる、文句が多い→いろいろなことに気づくことができる、さわがしい→元気いっぱい、わがまま→自分を大切にしている

君を一生ささえる「自信」をつくる本

発行日 2024 年 4 月 10 日 第 1 刷

著者 河田真誠
絵 牛嶋浩美

本書プロジェクトチーム
編集統括 柿内尚文
編集担当 村上芳子
編集協力 エディット、鈴木有加
デザイン 細山田光宣＋鈴木あづさ（細山田デザイン事務所）
DTP 藤田ひかる（ユニオンワークス）
校正 鷗来堂

営業統括 丸山敏生
営業推進 増尾友裕、綱脇愛、桐山敦子、相澤いづみ、寺内未来子
販売促進 池田孝一郎、石井耕平、熊切絵理、菊山清佳、山口瑞穂、
吉村寿美子、矢橋寛子、遠藤真知子、森田真紀、氏家和佳子
プロモーション 山田美恵
講演・マネジメント事業 斎藤和佳、志水公美

編集 小林英史、栗田亘、大住兼正、菊地貴広、山田吉之、大西志帆、福田麻衣
メディア開発 池田剛、中山景、中村悟志、長野太介、入江翔子
管理部 早坂裕子、生越こずえ、本間美咲
発行人 坂下毅

発行所 株式会社アスコム

〒 105-0003
東京都港区西新橋 2-23-1 3 東洋海事ビル
編集局 TEL：03-5425-6627
営業局 TEL：03-5425-6626 FAX：03-5425-6770

印刷・製本 中央精版印刷株式会社

© Shinsei Kawada © Hiromi Ushijima 株式会社アスコム
Printed in Japan ISBN 978-4-7762-1190-7

この本の感想を
お待ちしています!

感想はこちらからお願いします

🔍 https://www.ascom-inc.jp/kanso.html

この本を読んだ感想をぜひお寄せください!
本書へのご意見・ご感想および
その要旨に関しては、本書の広告などに
文面を掲載させていただく場合がございます。

新しい発見と活動のキッカケになる
アスコムの本の魅力を
Webで発信してます!

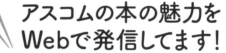

▶ YouTube「アスコムチャンネル」

🔍 https://www.youtube.com/c/AscomChannel

動画を見るだけで新たな発見!
文字だけでは伝えきれない専門家からの
メッセージやアスコムの魅力を発信!

 X（旧Twitter）「出版社アスコム」

🔍 https://x.com/AscomBooks

著者の最新情報やアスコムのお得な
キャンペーン情報をつぶやいています!